AF268295

# RÉFLEXIONS

## SUR

## LE NOUVEAU PROJET DE LOI

## DES ÉLECTIONS,

PRÉSENTÉ

A LA CHAMBRE DES DÉPUTÉS

LE 15 FÉVRIER 1820;

PAR M. T. E. ESQUIRE,

ÉLECTEUR FUTUR.

---

Venalis populus, venalis curia patrum.

R. WALPOLE, A Short Histor. of the Parliam. 1713.

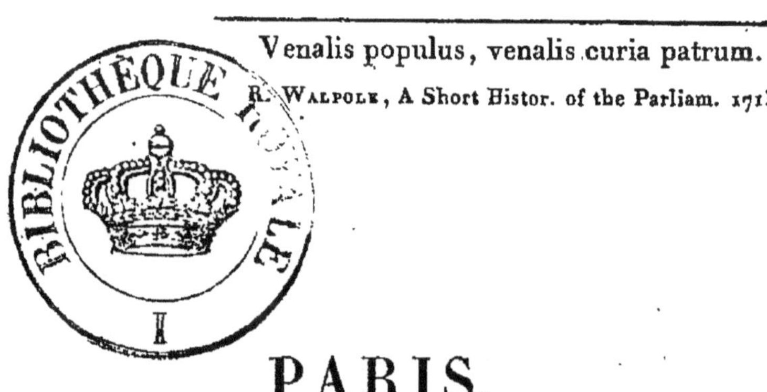


# PARIS.

DELAUNAY, LIBRAIRE, AU PALAIS-ROYAL;

PÉLICIER, PALAIS-ROYAL, GRANDE COUR.

1820.

# RÉFLEXIONS



# LE NOUVEAU PROJET DE LOI

# DES ÉLECTIONS.

***

### Du Vote des Électeurs.

Le principal but du gouvernement représentatif est l'obéissance de *tous* à la loi, à la confection de laquelle le peuple concourt autant que possible.

L'intérêt général n'a point permis d'attribuer à *tous* des fonctions aussi délicates; il exige impérieusement de bons choix. La Charte a sagement imposé les conditions de 3oo fr. de contribution directe et trente ans d'âge. Tous les individus qui remplissent ces conditions sont donc reconnus aptes à concourir, médiatement ou immédiatement, aux moyens du gouvernement représentatif, dans certaines limites déterminées par la grande Charte des Français, depuis l'électeur le moins riche jusqu'au pair de France le plus opulent.

La Charte a encore voulu qu'une partie des électeurs, pour le tout, concourût plus directement à la formation de la loi, de concert avec les pairs du royaume et le souverain de l'État. De-là naissent les pouvoirs des députés qui sont appelés par la Charte *à discuter et à voter librement la loi.*

Jusqu'ici nous n'apercevons rien que de grand, que de généreux, que de juste, dans ces sources de notre gouvernement ; mais nous ne saurions concevoir des députés *concourant librement* à la formation de la loi, et des électeurs qui ne les choisiraient point selon l'impulsion de leur plus intime conscience. Les sources du gouvernement seraient viciées à leur origine, si les électeurs étaient obligés, par les articles 25 et 26 du projet ministériel, tantôt de signer, tantôt de faire écrire leurs bulletins en présence ou par l'intermédiaire d'un bureau étranger aux assemblées électorales, imposé par l'autorité, et dans lequel plusieurs membres pourraient ne point jouir des droits d'électeur. Chacun sent qu'il ne doit pas y avoir le moindre prétexte au plus léger doute sur la validité du choix des députés. Le bureau doit donc être choisi, comme par le passé, parmi les électeurs, et par les électeurs eux-mêmes ; autrement, que de considérations, que de ménagemens, que de relations influeront sur la liberté des votes, sans compter les inimitiés qui naîtront de la dissidence des opinions relativement à telle ou telle personne, favorisée ou repoussée par le bureau ! L'un ne voudra pas désobliger un membre du bureau qui porterait un parent, un ami de son choix ; l'autre se trouvera dans la dépendance du propriétaire dont il loue les terres ; celui-ci aura pour appât une récompense, celui-là sera menacé de perdre la bienveillance de ceux dont peuvent dépendre son existence et celle de sa famille. Vénalité et corruption, tel serait le triste résultat que produirait sur nos mœurs le vote électoral privé de sa libre émission qu'exige d'ailleurs l'article 22 du projet. Le voici : *Chaque électeur, avant de voter, prête serment d'être fidèle au Roi, d'obéir à la Charte constitutionnelle et aux lois du royaume, et de voter en son ame et conscience, selon sa connaissance et conviction personnelle.*

## Des deux classes d'Électeurs et du nombre des Députés.

Une combinaison nouvelle se présente dans le projet des ministres, elle crée deux classes d'électeurs, les électeurs d'arrondissement et les électeurs de département; les premiers, payant 300 fr. et au-dessus de contribution directe, ayant leur domicile politique dans l'étendue d'une circonscription particulière de territoire, nomment *directement* 258 députés; les autres, payant 1000 fr. ou au-delà, et même au-dessous, lorsque les électeurs, payant 1000 fr., n'excéderont point d'un quart, dans chaque collége d'arrondissement, le nombre d'électeurs fixé pour les colléges de département, sont choisis par la première classe d'électeurs, pour nommer *directement* 172 députés.

Il est clair que cette dernière classe aurait un double vote direct, tandis que la première n'aurait qu'un seul vote. On aperçoit ici une violation de deux articles de la Charte, de l'article 40, qui appelle tous les électeurs à concourir à l'élection des députés sans intermédiaire, et de l'article 1er, qui prononce que *les*

*Français sont égaux devant la loi , quels que soient d'ailleurs leurs titres et leurs rangs.* Des priviléges, exception au droit public des Français, quant à la formation de la loi, ont été déterminés pour les pairs et pour les députés par les articles 28 et 38 de la Charte (1). Le privilége des électeurs est dans la faculté spéciale de choisir les députés dans leur sein. De plus, le mode prescrit pour les élections du second degré paraît inexécutable, si l'on considère la complication et la lenteur des formalités. Des électeurs pourraient-ils jamais calculer l'effet de leur délégation, lorsque chacun d'eux serait obligé d'inscrire sur son bulletin vingt-cinq ou même cent noms.

Le nombre actuel des députés a été fixé par l'article 36 de la Charte ; il dit que chaque département aura le même nombre de députés qu'il a eu *jusqu'à présent.* Au moment où la Charte a été promulguée, le nombre des députés était de 258 , comme il existe encore. C'est donc ce nombre que la Charte exige, et

---

(1). Art. 28. Les pairs ont entrée dans la Chambre à vingt-cinq ans, et voix délibérative à trente ans seulement.

Art. 38 Aucun député ne peut être admis dans la Chambre, s'il n'est âgé de quarante ans, et s'il ne paye une contribution directe de 1000 francs.

non celui de 430. Une réflexion, nous fera trouver ce nombre suffisant. Tout le monde sent l'importance, pour la France, de conserver dans ses mandataires la noble indépendance et le désintéressement qui les distinguent ; si l'on veut que d'aussi honorables fonctions ne soient recherchées que pour le seul honneur de servir l'État, on n'augmentera point le nombre actuel des députés. Car il est connu que plusieurs ont refusé leur mandat, par la seule raison qu'ils n'étaient point assez fortunés pour cesser de veiller pendant cinq mois de l'année à leurs propres intérêts. On doit craindre d'être obligé de salarier de si nobles fonctions, remplies par de généreux citoyens qui se dévouent au bien-être de leur pays, et ne trouvent qu'au fond de leur cœur leur plus douce et leur plus belle récompense. Ce n'est point, et ce ne sera probablement jamais en France, qu'un ministre pourra dire que tout homme est vénal, *every man has his price.*

*De la Cote des Électeurs et des Éligibles. — Notre situation. — Notre expérience sur la Loi des Élections.*

L'article 40 de la Charte ne dit point que la contribution directe doit porter pour moitié

sur un bien fonds, comme le demande l'article 12 du projet ministériel. Des droits sont
acquis actuellement aux électeurs qui payent,
de quelque manière que ce soit, la contribution voulue par la Charte et la loi du 5 février
1817. On doit respecter ces droits sans ébran-
ler encore les articles corrélatifs 2 et 3 de la
Charte. *Ils* (les Français) *contribuent indis-
tinctement dans la proportion de leur fortune
aux charges de l'État : ils sont également ad-
missibles aux emplois civils et militaires.* Sous
le régime d'exception que l'on médite, l'article 12 du projet restreindrait trop les choix :
conçu d'ailleurs dans des circonstances plus
heureuses, il porterait encore bien plus atteinte
à la liberté des choix, tant il est vrai que
toutes les libertés seraient suspendues, si la liberté individuelle était compromise, et si le
fanal de la presse était entièrement éteint. Puis-
que les écrivains sont licencieux, qu'on améliore
le jury, qu'on augmente les pénalités de la loi,
s'il est vrai qu'elle soit impuissante. Que l'on
punisse plus sévèrement les infracteurs du re-
pos et de la liberté publique. Tout le monde
y applaudira.

Mais pourquoi des larmes amères mouillent-
elles nos yeux à l'idée de l'horrible atten-

tat que la France en deuil déplore avec la famille royale et avec le monarque infortuné, père de son peuple? Loin de nous la pensée d'accuser aucune classe de Français d'un forfait aussi atroce. Français de tous les rangs, écrivains de toutes les nuances, consolons à l'envi notre Roi, par notre vénération pour sa Charte, *son plus bel ouvrage*, le plus ferme rempart du trône, gage le plus certain de la tranquillité de l'Europe, en même temps que de l'affection de nos neveux pour sa plus ancienne dynastie. Le Roi saura encore une fois, dans ce temps de calamité, n'en doutons point, conduire le vaisseau de l'État au port; il saura calculer la juste étendue du pouvoir, en évitant une fatale irrésolution, aussi contraire au salut de la patrie qu'une sévérité excessive.

La douleur générale m'a distrait de mon sujet. J'y reviens.

Il serait convenable que les électeurs et les éligibles affirmassent sous serment qu'ils payent, depuis une année au moins, la contribution fixée par la loi. Le possesseur, à titre successif, pourrait être tenu aussi d'affirmer que sa propriété supporte la contribution exigée. C'est l'objet des art. 13, 14, 15, 16 et 17 du projet. Ajoutons que s'il était possible de faire voter par arrondissement de sous-préfecture, à l'instar de ce qui se pratique dans les villes les plus peuplées, l'expérience prouverait bientôt que ce mode serait avantageux pour les électeurs et pour la bonté des choix. L'influence des localités opérerait alors dans une juste mesure. Là se borneraient les modifications que l'on croit propres à améliorer notre système électoral.

*Du Renouvellement intégral et quinquennal. —*
*Rob. Walpole.*

Le renouvellement intégral et quinquennal est loin de présenter les avantages hypothétiques qu'on s'en promet, d'après l'exemple de l'Angleterre, en créant une Chambre des députés presque permanente. Outre qu'une semblable innovation est contraire à l'article 37 de la Charte, elle aurait encore de trop graves conséquences pour qu'on dût la laisser seulement entrevoir comme possible. De même que les élections seraient viciées à leur origine, de même les députés seraient exposés pendant trop long-temps aux séductions ou aux menaces d'un ministre avide de pouvoir. Souvenons-nous du livre rouge que Georges II brûla en présence d'un succèsseur du fameux lord Walpole. Ce successeur demanda inutilement ce livre à son souverain, pour être à même de suivre l'ancienne voie de corruption. Ne tentons point la faiblesse humaine. La durée quinquennale, et décennale, dans une chance possible, des fonctions des mandataires du peuple, serait une véritable lèpre dont le corps politique ne pourrait jamais se guérir. Tout le monde sait qu'en Angleterre à la demande de la réforme se trouvent toujours jointes, depuis cinquante ans, des réclamations contre la durée des parlemens, fixée à sept ans par le bill de R. Walpole. Ce bill rendu en 1716, au milieu des dangers d'une invasion, et la seconde année du règne d'une dynastie nouvelle, fournit les moyens les plus sûrs de se venger des Toris et des Jacobites. On connaît les proscriptions qui atteignirent lord Bolingbroke et d'autres seigneurs qui avaient conseillé la paix d'Utrecht.

Veut-on savoir quels moyens l'antagoniste des Toris, accusé par ses compatriotes d'avoir perverti les mœurs anglaises, mettait en usage pour arriver à ses fins? Voici une anecdote ministérielle qui en donnera une idée. Elle nous montre ce ministre faisant envahir le terrain de la liberté légale par la licence, pour mieux enchaîner celle-là. Le moyen seul est blâmable, le but était bon, et l'Angleterre y applaudit encore ; mais il fallait l'atteindre par les voies légitimes. Les écrivains dramatiques se permettaient alors de graves insultes contre l'autorité ; nous ne savons point si le premier ministre se laissait appeler jacobin, révolutionnaire, ou de quelque autre nom odieux à tout être pensant, et s'il se rendit complice de l'avilissement de l'autorité, au dedans et au dehors ; mais voici ce qui arriva. Un écrivain salarié composa une pièce de théâtre intitulée : *le Croupion doré, the golden Rump,* pièce obscène, blasphématoire, injurieuse pour le parlement, le ministère, le conseil du Roi et la personne même du Roi. Un directeur de théâtre reçut la pièce des mains d'une personne ou d'une autre, car l'auteur est encore inconnu. Un tel degré de licence ne parut point tolérable à ce directeur, qui remit la pièce au ministre, et voulut bien se laisser dédommager amplement du manuscrit qu'il abandonna à lord Walpole. Le ministre porta la pièce au parlement, en lut des passages, et ne manqua point de dire qu'il était devenu nécessaire de réprimer, aux dépens du trésor public, la licence la plus effrénée que l'on connût jusqu'alors. Le procès fut bientôt gagné; depuis ce moment ( 1737 ), en vertu d'un ancien acte du règne de la Reine Anne, contre les mendians, vagabonds, saltimbanques et bateleurs, modifié à la sollicitation du premier ministre, les pièces de théâtre sont soumises à l'inspection et à la censure du lord-chambellan.

Avec une Chambre quinquennale les électeurs ne seraient plus juges de la conduite de leurs élus, comme ils le sont actuellement. Le mode de renouvellement partiel, favorable aux intérêts de l'État, par un heureux mélange de permanence et de mobilité presqu'insensible, avertit doucement l'administration de la situation de l'opinion générale. C'est dans cette opinion que le gouvernement du Roi trouvera son plus puissant appui, pour satisfaire les intérêts réels, réclamés aux différentes époques de l'existence sociale. Elle est la boussole qui dirige le gouvernement. Nous avons plus besoin de conserver que d'améliorer la Charte et les lois qui en dérivent. La maxime des anciens Bretons est connue : *Leges Angliæ nolumus mutari.* Retrempons notre caractère dans les bons exemples qu'ils nous donnent, et évitons les écueils qu'ils nous ont signalés. Rentrons, pour n'en plus sortir, dans la voie constitutionnelle, comme après l'ordonnance du 15 juillet 1815, et que nos mœurs conservent encore quelque chose de cette pudeur qui faisait dire à Tacite, au sujet des Germains nos ancêtres : Ils ne plaisantent point sur le vice, et la corruption n'est point tolérée chez eux à la faveur de la mode. Les bonnes mœurs (nous dirions actuellement *l'honneur*) produisent chez eux plus d'avantages que de bonnes lois dans d'autres pays. *Nemo illíc vitia ridet, nec corrumpere et corrumpi, seculum vocatur.* — *Plusque ibi mores valent quàm alibi bonæ leges.*

IMPRIMERIE DE BAUDOUIN FILS,

RUE DE VAUGIRARD, Nº 36.

* 9 7 8 2 0 1 2 9 6 0 3 7 4 *